Im Sonnenschein: Novelle

Theodor Storm

Alpha Editions

This edition published in 2022

ISBN : 9789356903326

Design and Setting By
Alpha Editions
www.alphaedis.com
Email - info@alphaedis.com

Im Sonnenschein.
Novelle

By Theodor Storm

Im Sonnenschein.

1.

In den höchsten Zweigen des Ahornbaums, der an der Gartenseite des Hauses stand, trieben die Stare ihr Wesen. Sonst war es still; denn es war Sommernachmittag zwischen eins und zwei.

Aus der Gartentür trat ein junger Reiteroffizier in weißer festtäglicher Uniform, den kleinen dreieckigen Federhut schief auf den Kopf gedrückt, und sah nach allen Seiten in die Gänge des Gartens hinab; dann, seinen Rohrstock zierlich zwischen den Fingern schwingend, horchte er nach einem offenstehenden Fenster im oberen Stockwerke hinauf, aus dem sich in kleinen Pausen das Klirren holländischer Kaffeeschälchen und die Stimmen zweier alten Herren deutlich vernehmen ließen. Der junge Mann lächelte wie jemand, dem was Liebes widerfahren soll, indem er langsam die kleine Gartentreppe hinunterstieg. Die Muscheln, mit denen der breite Steig bestreut war, knirschten an seinen breiten Sporen; bald aber trat er behutsam auf, als wolle er nicht bemerkt sein. — Gleichwohl schien es ihn nicht zu stören, als ihm aus einem Seitengange ein junger Mann in bürgerlicher Kleidung mit sauber gepuderter Frisur entgegenkam. Ein Ausdruck brüderlichen, fast zärtlichen Vertrauens zeigte sich in beider Antlitz, als sie sich schweigend die Hände reichten. »Der Syndikus ist droben; die alten Herren sitzen am Tokadilletisch,« sagte der junge Bürger, indem er eine starke goldene Uhr hervorzog, »Ihr habt zwei volle Stunden! Geh nur, du kannst rechnen helfen.« Er zeigte bei diesen Worten den Steig entlang nach einem hölzernen Lusthäuschen, das auf Pfählen über den unterhalb des Gartens vorüberströmenden Fluß hinausgebaut war.

»Ich danke dir, Fritz. Du kommst doch zu uns?«

Der Angeredete schüttelte den Kopf. »Wir haben Posttag!« sagte er und ging dem Hause zu. Der junge Offizier hatte den Hut in die Hand genommen und ließ, während er den Steig hinabging, die Sonne frei auf seine hohe Stirn und seine schwarzen ungepuderten Haare scheinen. So hatte er bald den Schatten des kleinen Pavillons, der gegen Morgen lag, erreicht.

Die eine Flügeltür stand offen; er trat vorsichtig auf die Schwelle. Aber die Jalousien schienen von allen Seiten geschlossen; es war so dämmerig drinnen, daß seine noch eben des vollen Sonnenlichts gewöhnten Augen erst nach einer ganzen Weile die jugendliche Gestalt eines Mädchens aufzufassen vermochten, die inmitten des Zimmers an einem Marmortischchen sitzend, Zahl um Zahl mit sicherer Hand in einen vor ihr liegenden Folianten eintrug. Der junge Offizier blickte verhaltenen Atems auf das gepuderte Köpfchen, das über den Blättern schwebend, wie von dem Zuge der Feder, harmonisch hin und wieder bewegt wurde. Dann, als einige Zeit vorübergegangen, zog er seinen Degen eine Hand breit aus der Scheide und ließ ihn mit einem Stoß zurückfallen, daß es einen leichten Klang gab. Ein Lächeln trat um den Mund des Mädchens, und die dunkeln Augenwimpern hoben sich ein Weniges von den Wangen empor; dann aber, als hätte sie sich besonnen, streifte sie nur den Ärmel der amarantfarbenen Kontusche zurück und tauchte aufs neue die Feder ein.

Der Offizier, da sie immer nicht aufblickte, tat einen Schritt ins Zimmer und zog ihr schweigend die Feder durch die Finger, daß die Tinte auf den Nägeln blieb.

»Herr Kapitän!« rief sie und streckte ihm die Hand entgegen. Sie hatte den Kopf zurückgeworfen; ein Paar tiefgraue Augen waren mit dem Ausdruck nicht allzu ernsthaften Zürnens auf ihn gerichtet.

Er pflückte ein Rebenblatt draußen vom Spalier und wischte ihr sorgfältig die Tinte von den Fingern. Sie ließ das ruhig an sich geschehen; dann aber nahm sie die Feder und fing wieder an zu arbeiten.

»Rechne ein andermal, Fränzchen!« sagte der junge Mann.

Sie schüttelte den Kopf. »Morgen ist Klosterrechnungstag; ich muß das fertig machen.« Und sie setzte ihre Arbeit fort.

»Du bist ein Federheld!«

— »Ich bin eine Kaufmannstochter!«

Er lachte.

— »Lache nicht! Du weißt, wir können die Soldaten eigentlich nicht leiden.«

»Wir? Welche wir sind das?«

— »Nun, Konstantin,« — und dabei rückte ihre Feder addierend die Zahlenreihen hinunter — »wir, die ganze Firma!«

»Du auch, Fränzchen?«

— »Ach! ich« — — Und sie ließ die Feder fallen und warf sich an seine Brust, daß sich ein leichtes Puderwölkchen über ihren Köpfen erhob. Sie strich mit der Hand über seine glänzend schwarzen Haare. »Wie eitel du bist!« sagte sie, indem sie den schönen Mann mit dem Ausdruck wohlgefälligen Stolzes betrachtete.

Von der Stadt herüber kam der Schall einer Militärmusik. Die Augen des jungen Kapitäns leuchteten. »Das ist mein Regiment!« sagte er und hielt das Mädchen mit beiden Armen fest.

Sie bog sich lächelnd mit dem Oberkörper von ihm ab. »Es hilft dir aber alles nicht!«

»Was soll denn daraus werden?«

Sie hob sich auf den Fußspitzen zu ihm heran und sagte: »Eine Hochzeit!«

»Aber die Firma, Fränzchen!«

— »Ich bin meines Vaters Tochter.« Und sie sah ihn mit ihren klugen Augen an.

In diesem Augenblick drang, in scheinbar unmittelbarer Nähe, vom obern Stockwerke des Hauses der Laut einer harten Stimme zu ihnen herüber. Die Stare flogen schreiend durch den Garten; der junge Offizier, wie in unwillkürlicher Bewegung, schloß das Mädchen fester in seine Arme. »Was hast du?« sagte sie. »Die alten Herren haben die erste Partie gespielt; nun stehen sie am Fenster, und Papa macht das Wetter für die nächste Woche.«

Er sah durch die Tür in den sonnbeschienenen Garten hinaus. »Ich habe dich,« sagte er. »Es darf nicht anders werden.«

Sie wiegte schweigend einigemal den Kopf; dann machte sie sich los und drängte ihn gegen die Tür. »Geh nun!« sagte sie. »Ich komme bald; ich laß dich nicht allein.«

Er faßte ihr zartes Gesichtchen in seine Hände und küßte sie. Dann ging er zur Tür hinaus und seitwärts den Steig hinauf; an dem Ligusterzaun entlang, der das tiefere Flußufer von dem Garten trennte. So, während seine Augen dem unaufhaltsamen Vorüberströmen des Wassers folgten, gelangte er an einen Platz, wo das marmorne Bild einer Flora inmitten sauber geschorener Buchsbaumarabesken stand. Die zwischen den Schnörkeln eingelegten Porzellanscherben und Glaskorallenschnüre leuchteten zierlich aus dem Grün hervor; ein scharfes Arom erfüllte die Luft, untermischt zuweilen mit dem Duft der Provinzrosen, die hier zu Ende des Steiges an der Gartenmauer standen. In der Ecke zwischen diesem und dem Ligusterzaun war eine Laube, tief verschattet von wucherndem Geißblatt. Der Kapitän schnallte seinen Degen ab und setzte sich auf die kleine Bank. Dann begann er, mit der Spitze seines Rohrstocks einen Buchstaben um den andern in den Boden zu zeichnen, die er immer wieder, als könne ein Geheimnis durch sie verraten werden, bis auf den letzten Zug zerstörte. So trieb er es eine Zeitlang, bis seine Augen an dem Schatten einer Geißblattranke haften blieben, an deren Ende er die feinen Röhren der Blüte deutlich zu erkennen vermochte. Bald im längeren Betrachten bemerkte er daran den Schatten eines Lebendigen, der langsam an dem Stengel hinaufkroch. Er sah dem eine Weile zu; dann aber stand er auf und blickte über sich in das Gewirr der Ranken, um die gefährdete Blüte zu entdecken und das Ungeziefer herunterzuschlagen. Aber die Sonnenstrahlen brachen sich zwischen den Blättern und blendeten ihn; er mußte die Augen abwenden. — Als er sich wieder auf die Bank gesetzt hatte, sah er wie zuvor die Ranke scharf und deutlich auf dem sonnigen Boden liegen; nur zwischen den schlanken Kelchen der Schattenblüte haftete jetzt eine dunkle Masse, die von Zeit zu Zeit durch zuckende Bewegungen eine emsige tierische Tätigkeit verriet. Er wußte nicht, wie es ihn überkam, er stieß nach dem arbeitenden Klumpen mit seinem Rohrstock; aber über ihm ging der Sommerwind durch das Gezweige, und die Schatten huschten ineinander und entwischten ihm. Er wurde eifrig; er spreizte die Knie auseinander und wollte eben zu einem neuen Stoße ausholen; da trat die Spitze eines seidenen Mädchenschuhs ihm in die Sonne.

Er blickte auf, Franziska stand vor ihm, die Feder hinterm Ohr, deren weiße Fahne wie ein Taubenfittig von dem gepuderten Köpfchen abstand. Sie lachte eine ganze Weile; unhörbar erst, man sah es nur. Er lehnte sich zurück und blickte sie voll Entzücken an; sie lachte so leicht, so mühelos, es lief über sie hin wie ein Windhauch über den See; so lachte niemand anders.

»Was treibst du da!« rief sie endlich.

»Dummes Zeug, Fränzchen; ich scharmutziere mit den Schatten.«

»Das kannst du bleiben lassen.«

Er wollte ihre beiden Hände fassen; sie aber, die in diesem Augenblick sich nach der Gartenmauer umgesehen, zog ein Messerchen aus ihrer Tasche und schnitt damit die aufgeblühten Rosen aus den Büschen. »Ich werde Potpourri machen auf den Abend,« sagte sie, während sie die Rosen an der Erde sorgfältig zu einem Häuflein zusammenlegte.

Er sah geduldig zu; er wußte schon, man mußte sie gewähren lassen.

»Und nun?« fragte er, nachdem sie das Messer wieder eingeschlagen und in den Schlitz ihrer Robe hatte gleiten lassen.

»Nun? Konstantin! — — Beisammen sein und die Stunden schlagen hören.« — Und so geschah es. — Vor ihnen drüben in dem Zitronenbirnbaum flog der Buchfink ab und zu, und sie hörten tief im Laube das Kreischen der Nestlinge; dann wieder, ihnen selber kaum bewußt, drang das Schluchzen des unterhalb fließenden Wassers an ihr Ohr; mitunter sank eine Kaprifolienblüte zu ihren Füßen; von Viertelstunde zu Viertelstunde schlug drüben im Hause die Amsterdamer Spieluhr. Es wurde ganz stille zwischen ihnen. Aber der Drang, den geliebten Namen leibhaftig vor sich ausgesprochen zu hören, überkam den jungen Mann. — »Fränzchen!« sagte er halblaut.

»Konstantin!«

Und als würde er nach der langen Stille durch ihre Stimme überrascht und ihm erst jetzt das Geheimnis ihres Klanges offenbar, sagte er: »Du solltest singen, Fränzchen!«

Sie schüttelte den Kopf. »Du weißt, das taugt für Bürgermädchen nicht!«

Er schwieg einen Augenblick; dann faßte er ihre Hand und sagte: »Sprich nicht so! auch nicht im Scherz. Du hattest ja schon Lektionen beim Kantor. Was ist es denn?«

Sie sah ihn ernsthaft an; bald aber brach ein lustiger Glanz aus ihren Augen. »Nein,« rief sie, »schau nicht so finster! Ich will's dir sagen — ich rechne zu gut!«

Er lachte, und sie lachte mit. »Bist du mir aber auch zu klug, Franziska?«

»Vielleicht!« sagte sie, — und ihre Stimme erhielt plötzlich einen tiefen, herzlichen Klang, als sie es sagte, — »du weißt noch gar nicht, wie! Als du erst hier in die Stadt versetzt warst und dann zu meinem Bruder Fritz ins Haus kamst, war ich ein kleines Mädchen, das noch zwei volle Schuljahre vor sich hatte. Nachmittags, wenn ich nach Haus gekommen, schlich ich mich öfters in den Saal und stellte mich daneben, wenn ihr euch im Rapieren übtet. Aber du wolltest keine Notiz von mir nehmen. Einmal sogar, als deine Klinge mir in die Schürze fuhr, sagtest du: ›Setz dich ins Fenster, Kind‹. Du weißt wohl nicht, was das für böse Worte waren! — Nun aber begann ich auf allerlei Listen zu sinnen. Wenn Nachbarskinder bei mir waren, suchte ich dich durch eins der andren Mädchen — ich selber hätte es nicht getan — zur Teilnahme an unsren Spielen zu veranlassen; und wenn du dann in unsren Reihen standest,« —

»Nun, Fränzchen!«

»Dann lief ich so oft an dir vorüber, bis du mich endlich doch an meinem weißen Kleidchen haschen mußtest.«

Sie war dunkelrot geworden. Er legte seine Finger zwischen ihre und hielt sie fest umschlossen. Nach einer Weile sah sie schüchtern zu ihm auf und fragte: »Hast du denn nichts gemerkt?«

»Doch; endlich!« sagte er, »du bist ja endlich groß geworden.«

— »Und dann? — Wie kam es denn mit dir?«

Er sah sie an, als müsse er ihr Antlitz befragen, ob er reden dürfe. »Wer weiß,« sagte er, »ob es je gekommen wäre! Aber die Frau Syndika sagte einmal« — —

»So sprich doch, Konstantin!«

— »Nein; mir zulieb! Geh erst einmal den Steig hinauf!«

Sie tat es. Nachdem sie die abgeschnittenen Rosen in ihre Schürze gesammelt, ging sie, ohne ein Wort zu sagen, nach dem Gartenhause und trat bald darauf mit leeren Händen wieder aus der Tür. — Sie hatte zierliche Füße und einen behenden Tritt; aber sie stieß im Gehen, unmerklich fast, mit den Knien gegen das Gewand. Der junge Mann folgte dieser Bewegung, so wenig schön sie sein mochte, mit den glücklichsten Augen; er merkte es kaum, als die Geliebte jetzt wieder vor ihm stand. »Nun,« fragte sie, »was sagte die Frau Syndika? oder war es eine von ihren sieben Töchtern?«

»Sie sagte« — und er ließ seine Augen langsam an ihrer feinen Gestalt hinaufgleiten — »sie sagte: ›Die Mamsell Fränzchen ist eine angenehme Person; aber gehen tut sie wie eine Bachstelze!‹«

»O du!« — — und Fränzchen legte die Hände auf den Rücken ineinander und sah freudestrahlend auf ihn nieder.

»Seitdem,« fuhr er fort, »konnte ich's nicht wieder von mir bringen; überall habe ich müssen dich vor mir gehen und hantieren sehen.«

Sie stand noch immer vor ihm, schweigend und unbeweglich.

»Was hast du?« fragte er, »du siehst so stolz und vornehm aus!«

Sie sagte: »Es ist das Glück!«

— »O! eine Welt voll!« Und er zog sie mit beiden Armen zu sich nieder.

2.

Es war eine andre Zeit; wohl über sechzig Jahre später. Aber es war wieder an einem Sommernachmittage, und die Rosen blühten auch wie dazumal. — In dem oberen Zimmer nach dem Garten hinaus saß eine alte Frau. Auf ihrem Schoße, den sie mit einem weißen Schnupftuch überbreitet hatte, hielt sie eine dampfende Kaffeetasse; doch schien sie heute des gewohnten Trankes zu vergessen; denn nur selten und wie in Gedanken führte sie die Tasse an den Mund.

Nicht weit davon, dem Sofa gegenüber, saß ihr Enkel, ein Mann über die Zeit der vollsten Jugend noch kaum hinaus. Er stützte seinen Kopf in die Hand und blickte nach den kleinen Familienbildern, die in silberner Fassung über dem Sofa hingen. Der Großvater, die Urgroßeltern, Tante Fränzchen, des Großvaters Schwester, — sie waren lange tot, er hatte sie nicht gekannt. Nun ließ er seine Augen von einem zum andern gehen, wie er schon oft getan, wenn er mit der Großmutter in der stillen Nachmittagsstunde beisammensaß. Auf Tante Fränzchens Bilde schienen die Farben am wenigsten verblichen, obwohl sie vor den Eltern und lange vor dem Bruder gestorben war. Die rote Rose in der weißen Puderfrisur war noch wie frisch gepflückt; auf der amarantfarbenen Kontusche zeichnete sich deutlich ein blaues Medaillon, das an einem dunklen Bande vom Halse auf die Brust herabhing. Der Enkel konnte nicht die Augen wenden von diesen kargen Spuren eines dahingegangenen Lebens; er blickte fast mit Inbrunst in das feine blasse Gesichtchen. Der Garten, wie er ihn als Knabe noch gesehen, trat vor seine Phantasie; er sah sie darin wandeln zwischen den seltsamen Buchsbaumzügen; er hörte das Knistern ihres Schuhes auf den Muschelsteigen, das Rauschen ihres Kleides. Aber die Gestalt, die er so heraufbeschworen, blieb allein, gebannt in dem grünen Fleckchen, das vor seinem inneren Auge stand. Was sich um die Lebende einst mochte bewegt haben: ihre Gespielinnen, die Töchter aus den alten finsteren Patrizierhäusern, der Freund, der nach ihr spähte zwischen den Büschen des Gartens, hatte er keine Macht ihr zu gesellen. »Wer weiß von ihnen!« sprach er vor sich hin; das kleine Medaillon war ihm wie ein Siegel auf der Brust des vor so langer Zeit verstorbenen Mädchens.

Die Großmutter setzte die Tasse auf die Fensterbank; sie hatte ihn sprechen hören. »Bist du in unsrer Gruft gewesen, Martin?« fragte sie, »und sind die Reparaturen bald zustande?«

»Ja, Großmutter.«

— »Es muß alles in Ordnung sein; wir haben in unsrer Familie immer auf Reputation gehalten.«

»Es wird alles in Ordnung kommen,« sagte der Enkel, »aber es ist ein Sarg eingestürzt; das hat ein Aufschub gegeben.«

— »Sind denn die Eisenstangen abgerostet?«

»Das nicht. Er stand zu hinterst neben dem Gitter; das Wasser ist darauf getropft.«

— »Das muß Tante Fränzchen sein,« sagte die Großmutter nach einigem Besinnen. — »Lag denn ein Kranz darauf?«

Martin sah die Großmutter an. »Ein Kranz? — — Ich weiß es nicht; er mag auch wohl vergangen sein.«

Die Greisin nickte langsam mit dem Kopf und sah eine Weile schweigend vor sich hin. »Ja, ja!« sagte sie dann, fast wie beschämt, »es ist nun freilich schon über fünfzig Jahre her, daß sie begraben wurde. Ihr Fächer, der mit Schmelz und Flitter, liegt noch drüben im Saal in der Spiegelkommode; ich habe ihn aber gestern nicht finden können.«

Der Enkel vermochte ein Lächeln nicht zu unterdrücken. Die Großmutter bemerkte es und sagte: »Deine Braut, der Wildfang, ist mir wohl wieder über meinem Kram gewesen. Ihr sollt mir das nicht zu euren Possen gebrauchen!«

»Aber, Großmutter, wie sie neulich abends in deinem Reifrock durch den Garten promenierte — ihr wäret alle eifersüchtig geworden, wenn sie anno Neunzig so in eure Laube getreten wäre.«

— »Du bist ein eitler Junge, Martin!«

»Freilich,« fuhr er fort, »die fremden braunen Augen hat sie nun einmal; die kommen jetzt ohne Gnade in die Familie!«

— »Nun, nun!« sagte die Großmutter, »die braunen Augen sind schon gut, wenn nur ein gutes Herz herausschaut. — Aber den Fächer soll sie mir in Ehren halten! Tante Fränzchen trug ihn auf deines Großvaters Hochzeit, und mich dünkt, ich sehe sie noch mit der dunkelroten Rose in den Haaren. Nachher hat sie dann nicht gar lange mehr gelebt. — Es war eine große Liebe zwischen den Geschwistern; sie hat ihrem Bruder dazumalen auch ihr Porträt geschenkt, und dein Großvater hat es, so lange er lebte, bei sich in seiner Schreibschatulle gehabt. — Später hingen wir es denn hierher, zu ihm und zu den Eltern.«

»Sie ist wohl schön gewesen, Großmutter?« fragte der Enkel, indem er nach dem Bilde hinüberblickte.

Die Großmutter schien ihn nur halb zu hören. »Sie war ein kluges Frauenzimmer,« sagte sie, »und sehr geschickt in der Feder. Während dein Großvater in Marseille war, und auch wohl später noch, hat sie dem alten Vater alle Jahre die Klosterrechnungen ausgeschrieben; denn er war Klostervorsteher und dann Ratsverwalter, ehe er zweiter Bürgermeister wurde. — Sie hatte auch eine schlanke, wohlproportionierte Figur, und dein Großvater pflegte sie wohl mit ihren feinen Händen zu necken; aber heiraten hat sie niemalen wollen.«

»Gab es denn derzeit keine jungen Männer in der Stadt, oder haben ihr die Freier nicht gefallen?«

»Das,« sagte die Großmutter, indem sie mit den Händen über ihren Schoß strich, »das, mein liebes Kind, hat sie mit sich in ihr Grab genommen. — Man sagte wohl, sie hab' einmal einen leiden können; — Gott mag es wissen! Es war ein Freund deines Großvaters und ein reputierlicher Mensch. Aber er war Offizier und Edelmann; und dein Urgroßvater war immer sehr gegen das Militär. — Auf deines Großvaters Hochzeit tanzten sie miteinander, und ich erinnere mich wohl, sie machten ein schönes Paar zusammen. Unter den Leuten nannten sie ihn nur den Franzosen; denn er hatte rabenschwarzes Haar, das er nur selten pudern ließ, wenn er nicht just im Dienste war. Es ist aber das letztemal gewesen; er nahm bald darauf seinen Abschied und kaufte sich weit von hier einen kleinen Landsitz, wo er noch einige Zeit nach deines Großvaters Tode mit einer unverheirateten Schwester gelebt hat.«

Der Enkel unterbrach sie. »Es muß damals ein andres Ding gewesen sein um die Herzensgeschichten,« sagte er nachdenklich.

»Ein andres Ding?« wiederholte die Großmutter, indem sie ihrem Körper für einen Augenblick die Haltung der Jugend wiederzugeben suchte. »Wir hatten so gut ein Herz wie ihr und haben unser Teil dafür leiden müssen. — Aber,« fuhr sie beruhigter fort, »was wißt ihr junges Volk auch, wie es dazumalen war. Ihr habt die harte Hand nicht über euch gefühlt; ihr wißt es nicht, wie mäuschenstille wir bei unsren Spielen wurden, wenn wir den Rohrstock unsres Vaters nur von ferne auf den Steinen hörten.«

Martin sprang auf und faßte die Hände der Großmutter.

»Nun,« sagte sie, »es mag vielleicht besser sein, so wie es jetzo ist. Ihr seid glückliche Kinder; aber deines Großvaters Schwester lebte in den alten Tagen. — Seit wir nach unsrer Hochzeit das untere Stockwerk hier im Hause bewohnten, kam sie gern zu uns herunter; manchmal auch saß sie stundenlang bei deinem Großvater im Kontor und half ihm bei seinen Schreibereien. Im letzten Jahre, seit ihre Kräfte abzunehmen anfingen, fand ich sie wohl zuweilen über ihren Rechnungsbüchern eingeschlafen. Dein Großvater saß dann stille fortarbeitend ihr gegenüber an der andren Seite des Pultes, und ich erinnere mich noch gar wohl an das trauervolle Lächeln, womit er, wenn ich zu ihnen eintrat, mich auf die schlafende Schwester aufmerksam zu machen pflegte.«

Die Erzählerin schwieg eine Weile und blickte mit weit geöffneten Augen vor sich hin, während sie mechanisch ihre Tasse schwenkte und mit Behutsamkeit die Neige ausschlürfte. Dann, nachdem sie die Tasse neben sich auf die Fensterbank gestellt hatte, sprach sie langsam weiter: »Unsre alte Anne konnte nicht genug davon erzählen, wie lustig und umgänglich ihre Mamsell in jüngeren Jahren gewesen sei; auch war sie die einzige von den Kindern, die bei Gelegenheit mit dem Vater ein Wort zu reden wagte. — So lange ich sie gekannt, ist sie immer still und für sich gewesen; zumal, wenn der Vater im Zimmer war, sprach sie nur das Notwendige, und wenn sie just gefragt wurde. Was da passiert sein mag — dein Großvater hat nie davon gesprochen: — nun sind sie alle längst begraben.« —

Der Enkel betrachtete das Bild des Urgroßvaters, und seine Augen blieben an den strengen Linien haften, die den starken

Mund von den Wangen schieden. »Es muß ein harter Mann gewesen sein,« sagte er.

Die Großmutter nickte. »Er hat seine Söhne bis in ihr dreißigstes Jahr erzogen,« sagte sie. »Sie haben darum bis in ihr spätes Alter auch niemals so recht einen eignen Willen gehabt. Dein Großvater hat es oft genug beklagt. Er wäre am liebsten ein Gelehrter geworden, wie du es bist; aber die Firma verlangte einen Nachfolger. Es waren damals eben andre Zeiten.«

Martin nahm das Bild des Großvaters von der Wand. »Das sind milde Augen,« sagte er.

Die Großmutter streckte die Hände aus, als wollte sie aus ihrem Lehnstuhl aufstehen; dann ließ sie sie langsam ineinandersinken. »Jawohl, mein Kind!« sagte sie, »das waren milde Augen! Er hatte keine Feinde, — nur einen mitunter — und das war er selber.«

Die alte Haushälterin trat herein. »Es ist einer von den Maurerleuten draußen; er wünscht den Herrn zu sprechen.«

»Geh hinaus, Martin!« sagte die Großmutter. »Was ist es denn, Anne?«

»Sie haben etwas in der Gruft gefunden,« erwiderte die Alte. »Ein Schaustück oder so etwas. Die Särge der alten Herrschaften wollen schon nicht mehr halten.«

Die Großmutter neigte ein wenig das Haupt; dann blickte sie in der Stube umher und sagte: »Mach das Fenster zu, Anne! Es duftet mir so stark; die Sonne scheint draußen auf die Buchsbaumrabatten.«

»Die Frau hat wieder ihre Gedanken!« murmelte die alte Dienerin; denn der Buchsbaum war vor über zwanzig Jahren fortgenommen, und mit den Glaskorallenschnüren hatten derzeit die Knaben Pferd gespielt. Aber sie sagte nichts dergleichen, sondern schloß, wie ihr geheißen war, das Fenster. Danach stand sie noch eine Weile und sah durch die Zweige des hohen Ahornbaums nach dem alten Lusthäuschen hinüber, wo hinaus sie vor Zeiten ihren jungen Herrschaften so oft das Kaffeegeschirr hatte bringen müssen, und wo die kranke Mamsell so manchen Nachmittag gesessen hatte.

Nun öffnete sich die Tür, und Martin trat hastigen Schrittes herein. »Du hattest recht!« sagte er, indem er Tante Fränzchens Bild von der Wand nahm und es an dem silbernen Schleifchen der Großmutter vor die Augen hielt. »Der Maler durfte nur die Kapsel des Medaillons malen, der offne Kristall hat auf ihrem Herzen gelegen. Ich habe oft genug gefragt, was er verberge. Nun weiß ich es; denn ich habe Macht, es umzuwenden.« Und er legte ein verstäubtes Kleinod auf die Fensterbank, das, des grünen Rostes ungeachtet, der es überzogen hatte, als das Original zu der Zeichnung auf Tante Fränzchens Bilde nicht zu verkennen war. Das Sonnenlicht brach durch den trüben Kristall und beleuchtete im Innern eine dunkle Haarlocke.

Die Großmutter setzte schweigend ihre Brille auf; dann ergriff sie mit zitternden Händen das kleine Medaillon und neigte tief das Haupt darüber. Endlich nach einer ganzen Weile, wo in dem stillen Zimmer nur das unruhigere Atmen der alten Frau vernehmlich war, legte sie es behutsam von sich und sagte: »Laß es wieder an seinen Ort bringen, Martin; es taugt nicht in die Sonne. — Und,« fügte sie hinzu, indem sie das Tuch auf ihrem Schoße sorgsam zusammenlegte, »auf den Abend bring mir deine Braut! Es muß in den alten Schubladen noch irgendwo ein Hochzeitskettlein stecken; — wir wollen proben, wie es zu den braunen Augen läßt.«

---

9 789356 903326

Printed at Repro India Ltd.